Primeiro dicionário ilustrado

Animais

Porco
Coelho

Borboleta
Raposa

Ilustrado por Anna Ivanir

www.kidkiddos.com
Copyright ©2024 by KidKiddos Books Ltd.
support@kidkiddos.com

All rights reserved. No part of this book may be reproduced in any form or by any electronic or mechanical means, including information storage and retrieval systems, without written permission from the publisher, except in the case of a reviewer, who may quote brief passages embodied in critical articles or in a review.
First edition, 2025

Library and Archives Canada Cataloguing in Publication
First Picture Dictionary - Animals (Portuguese edition - Brazil)
ISBN: 978-1-83416-228-7 paperback
ISBN: 978-1-83416-229-4 hardcover
ISBN: 978-1-83416-227-0 eBook

Animais selvagens

Hipopótamo

Panda

Raposa

Cervo

Rinoceronte

Alce

Lobo

✦ O alce é um ótimo nadador e pode mergulhar para comer plantas!

Esquilo

Coala

✦ O esquilo esconde nozes para o inverno, mas às vezes esquece onde as colocou!

Gorila

Animais de estimação

Canário

◆ O sapo pode respirar pela pele e pelos pulmões!

Porquinho-da-índia

Sapo

Hamster

Peixe dourado

Cachorro

◆Alguns papagaios conseguem imitar palavras e até rir como um humano!

Gato

Papagaio

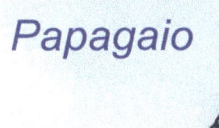

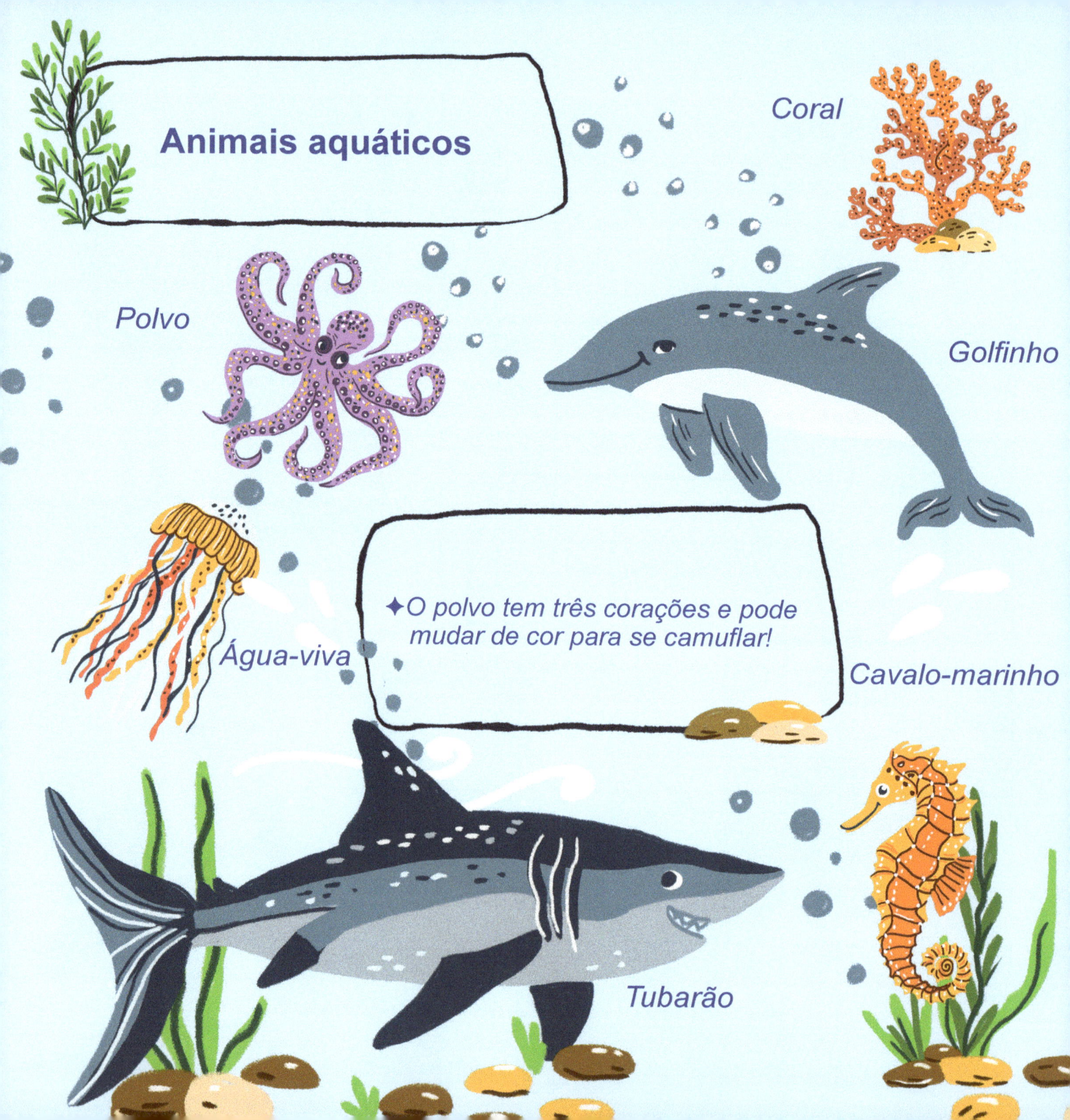

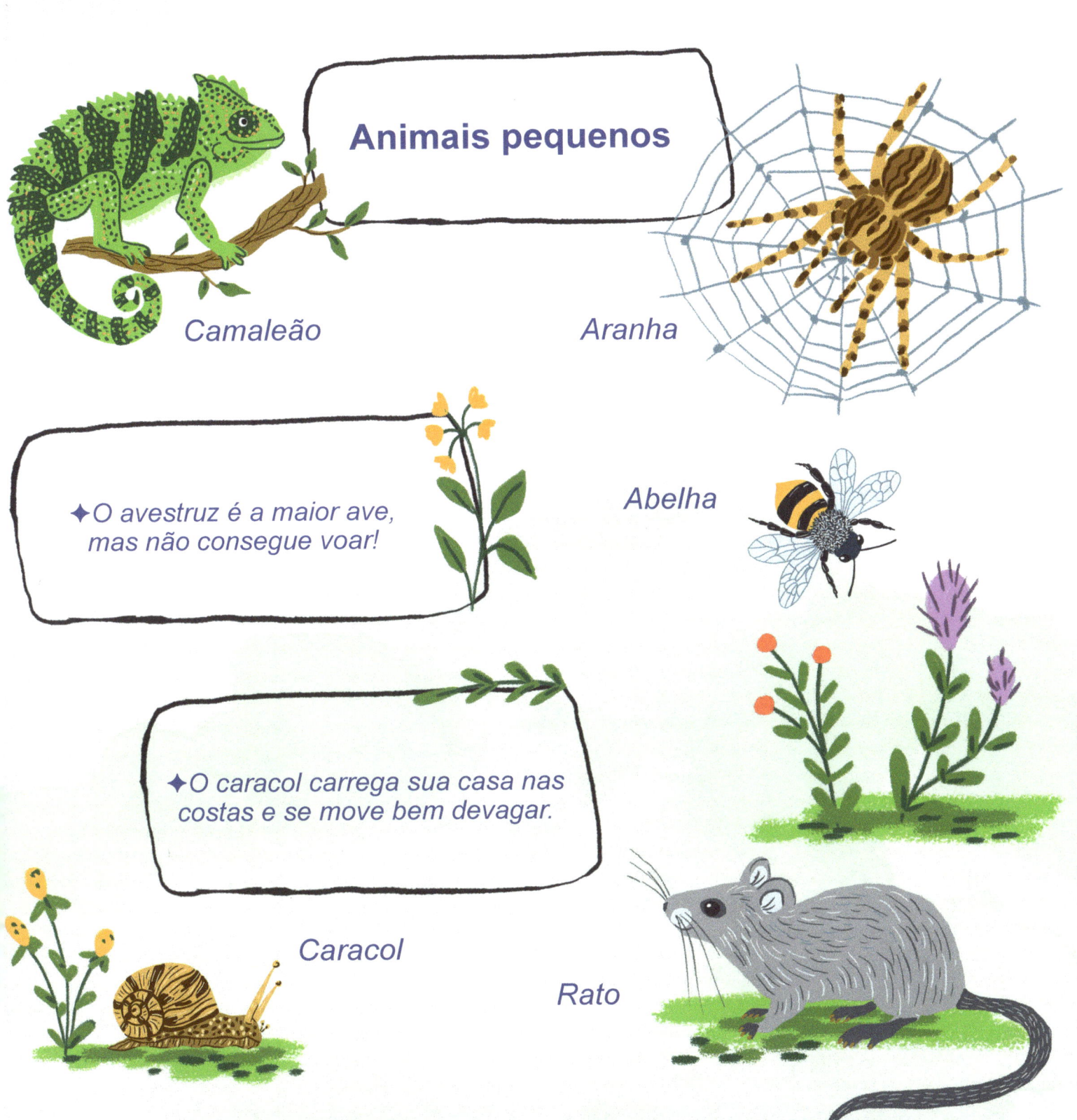

Animais silenciosos

Tartaruga

Joaninha

✦ A tartaruga pode viver tanto na terra quanto na água.

Peixe

Lagarto

Coruja

Morcego

✦ A coruja caça à noite e usa a audição para encontrar comida!

✦ O vaga-lume brilha à noite para encontrar outros vaga-lumes.

Guaxinim

Tarântula

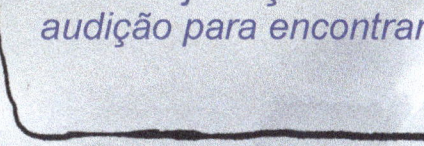

Animais coloridos

O flamingo é rosa

A coruja é marrom

O cisne é branco

O polvo é roxo

O sapo é verde

✦ O sapo é verde, então pode se esconder entre as folhas.

Animais e seus filhotes

Vaca e Bezerro

Gato e Gatinho

✦ O pintinho conversa com sua mãe mesmo antes de nascer.

Galinha e Pintinho

Cachorro e Cachorrinho

Borboleta e Lagarta

Ovelha e Cordeiro

Cavalo e Potro

Porco e Leitão

Cabra e Cabrito

www.ingramcontent.com/pod-product-compliance
Lightning Source LLC
LaVergne TN
LVHW072004060526
838200LV00010B/280